Teoría de la Historia
de la
Revolución Bolivariana
(THRB)
(Principios Fundamentales)

Eloy Reverón

Caracas

2016

ISBN: 13:978-1540387677

ISBN: 10:1540387674

Primera Edición 2011

2Edición 2001

IVEM erivem@gmail.com

Fotografía Portada Eloy Reverón
Caracas Plaza UNEARTE

DEDICATORIA

Al espíritu de nuestros antepasados

PRESENTACIÓN

Los principios que sirvieron de fundamento a la visión teórica de la historia a la cual hemos llegado después de más de una década de investigación, y que hoy identificamos como Teoría de la Historia de la Revolución Bolivariana (THRB), surgieron originalmente de la elaboración del marco histórico para la realización de una tesis de maestría en Relaciones Internacionales, la cual se había propuesto revisar al menos una política pública del Estado venezolano en su relación con un organismo internacional (1999).

Las políticas de Estado seleccionadas fueron las políticas indigenistas desarrolladas por el Estado Venezolano durante los últimos treinta años del siglo XX, en su relación con el conocimiento indigenista elaborado por el Instituto Indigenista Interamericano, fundado en México por el presidente Lázaro Cárdenas con el objeto de adelantar políticas indigenistas nacionales desde una perspectiva continental.

Pudimos apreciar entonces que la concepción y ejecución de estas políticas públicas se encontraron siempre perturbadas por un obstáculo presente durante cinco siglos: la ideología colonialista que jamás había permitido elaborar una visión desde la perspectiva del excluido, es decir, desde la particular situación de quien sintió, padeció y tuvo que soportar una relación de dominio que lo consideraba un menor de edad. Sólo la **Constitución Bolivariana** vino a admitir su calidad de ciudadano, respetando y reconociendo verdaderamente su cultura y su condición humana.

La matriz epistemológica elaborada para abordar el problema de estudio desde el punto de vista de la Indianidad tuvo luego una segunda aplicación al enfrentar el tema de la Seguridad y Defensa Integral. Sirvió entonces como un inmejorable instrumento de análisis estratégico en el estudio de los focos de conflicto entre las comunidades indígenas y el gobierno del Estado Amazonas, a la hora de ejecutar las políticas públicas (IAEDEN 2005).

El primer capítulo de la tesis de maestría fue publicado inicialmente en la revista **Debate Abierto** N° 30, año XI, 2007, con el título **Teoría de la Historia de la Resistencia India**. Esta teoría fue expuesta también en el primer capítulo del libro **Medio Milenio de Olvido** (Apuntes para la Historia de la Indianidad. Desde el Encubrimiento de América hasta la Constitución Bolivariana), 2009, revisado por mi apreciado amigo el doctor Esteban Emilio Monsonyi, a quien agradezco sus sabios consejos y su tiempo.

Este primer capítulo del libro fue posteriormente difundido en diversos idiomas por el suplemento cultural de la Agencia Argentina de Noticias Argenpres con el título "Teoría de la Historia de la Resistencia India" (Hacia una explicación teórica de la Historia de la Revolución

Bolivariana), *Argenpres Cultural*, 2009.

Asimismo, desde 2008 hemos venido exponiendo nuestro enfoque teórico en la Cátedra Bolívar y Miranda organizada por el SINTRAMRE, así como en el Diplomado de Estudios Interculturales organizado por el Frente Bolivariano del Ministerio del Poder Popular para las Relaciones Exteriores, ambas experiencias desarrolladas en la sede del Instituto de Altos Estudios Diplomáticos "Pedro Gual". Se han realizado también talleres, con la misma orientación teórica y amplio espíritu participativo, en la Casa de Nuestra América "José Martí", en la Sala "Manuel Segundo Sánchez" de la Biblioteca Nacional y en la Biblioteca "Simón Rodríguez". Hemos tenido oportunidad de divulgar algunos aspectos de la Teoría de la Historia de la Revolución Bolivariana en diversos espacios radiales como "Enigmas del Poder" y "Lo que no se dice", de Radio Nacional de Venezuela, y "Ventana", de Alba Ciudad. También existen registros audiovisuales de presentaciones del taller, grabados tanto por Radio Nacional del Venezuela como del Instituto de Formación Cinematográfica Cotrain. La THRB fue expuesta asimismo en el III Simposium de Historia de la Masonería y la Independencia, organizado por el Instituto de Investigaciones Históricas de la Universidad Nacional Autónoma de México UNAM, en diciembre de 2010.

El esfuerzo teórico del Taller, dirigido a postular una nueva visión de la Historia desde el punto de vista de los excluidos, está concebido por nuestro Colectivo como una forma activa y eficaz de participar en la dura batalla actual por consolidar la hegemonía cultural y política de un nuevo bloque histórico, popular y revolucionario.

En esta oportunidad tenemos el honor de presentar este texto introductorio, como el primero de una serie de materiales de lectura para la discusión en el Taller propuesto por el Colectivo "Teoría de la Historia de la Revolución Bolivariana" (THRB) a realizarse a partir del 26 de octubre de 2011 en la Biblioteca del Palacio Legislativo, gracias al apoyo solidario del Doctor Iván Zerpa a través de la Dirección General de Investigaciones y Desarrollo Legislativo de la Asamblea Nacional. En nombre del Colectivo THRB, nuestro más sincero agradecimiento.

INTRODUCCIÓN

Nuestro propósito es presentar un conjunto de instrumentos y recursos que permitan ante todo interpretar la Historia desde una perspectiva liberadora.

Esta reflexión teórica *in surge* como una respuesta organizada a la historia escrita por la Oligarquía Conservadora venezolana instalada en el poder a partir de 1830, la cual concibió la historia como un discurso de justificación del mismo colonialismo instaurado a partir del encubrimiento de América, en 1492. Este discurso debió incluir, naturalmente, las respectivas alteraciones infringidas por dos décadas de estallido social, y por acontecimientos como la invasión del Ejército español comandado por el General Pablo Morillo, que vino en auxilio de los Godos, del mismo modo que la Legión Británica se puso a las órdenes de Bolívar gracias a las gestiones diplomáticas realizadas por López Méndez en Londres, a partir de 1810.

El método de explicación de nuestro discurso histórico, como lo hace la física y la matemática, recurre a símbolos que permiten la expresión simplificada de operaciones difíciles o realidades complejas. Una relación sencilla entre dos fuerzas históricas (Fd——> <——Fl), donde Fd es la fuerza de dominación y Fl la fuerza de liberación, comienza a manifestar la dirección de los vectores de dichas fuerzas desde la instalación de los primeros colonos españoles en Quisqueya.

Son sencillos instrumentos de análisis que nos permiten a todos ubicar la Histórica cuando nos vienen con los cuentos de la historiografía de la Oligarquía que se instauró después que Bolívar desapareció físicamente. En diferenciar la Historia de estos cuentos es que pone su empeño el discurso de la Historia para la Liberación. Una Historia escrita desde la periferia y para nuestras comunidades, y no para una *elite* de especialistas que escriben la historia únicamente para ellos.

La THRB concibe el conocimiento histórico como la búsqueda de la realidad histórica. Con este hallazgo, busca además desde el presente seguir la huella del pasado, para volver siempre al presente, sin considerar fuera de su interés a ningún área del conocimiento.

Esta Teoría encontró orientación en el pensamiento de filósofos como Xavier Zubiri e Ignacio Ellacuría, en especial en los conceptos de inteligencia sentiente y filosofía de la realidad histórica, así como en la importancia de la trascendencia de la totalidad para la praxis histórica. Se inspira también en una lectura crítica de la Etica, la Histórica y la Arquitectónica de la Política, reflexionadas en la obra del filósofo Enrique Dussel.

La THRB procura especialmente encontrar en la praxis revolucionaria del pueblo venezolano, encarnada en el liderazgo de Hugo Chávez, los elementos teóricos que de ella se derivan, así como la historicidad implícita en su discurso político desde la realidad histórica.

Finalmente, fue en el ámbito del diálogo de saberes con el escritor e investigador Gilberto Merchán y con la crítica hermenéutica de Ángela Rizzo, con el oído puesto ante todo en la palpitación de los excluidos de siempre, donde esta propuesta adquirió definitiva fuerza y vigor.

Principios fundamentales de la Teoría de la Historia de la Revolución Bolivariana.

Los vectores de la Fuerza de Dominio Colonial se proyectan sobre Nuestra América provenientes de la cosmovisión de la cultura metropolitana expandida geográficamente a través de un solo tiempo histórico que comenzó con el encubrimiento de América en 1492, cuando entró en conflicto con los correspondientes vectores de la Fuerza Liberadora que responden desde la periferia. Vamos a explicar por partes la dinámica de esta confrontación de fuerzas históricas en el propio teatro de operaciones donde ha transcurrido este singular tiempo histórico que se ha prolongado ya durante medio milenio.

Más allá de las fuerzas económicas, institucionales e ideológicas están las fuerzas naturales, las cuales suelen intervenir en el rumbo de los acontecimientos. Tal es el caso del terremoto de 1812, en medio de una aguda crisis política. O las fuerzas biológicas que provienen de la complejidad de la vida misma, y que mueven la violencia y la agresión capaces de hacer reaccionar el instinto de determinados grupos sociales bajo presiones demográficas o climatológicas, pestes o riesgo de desequilibrio ecológico. También son de considerar las fuerzas psíquicas, el talento, la ambición o el arrojo que muestra un colectivo en determinadas situaciones. Todas estas fuerzas deben sumarse a las que determinan las condiciones económicas, las técnicas para producir y distribuir bienes, o el transporte. Igualmente, la complejidad de las fuerzas culturales concebidas como intento por entender y valorar la realidad. Es posible que en el caso de la dialéctica de la opresión - resistencia - liberación, todas estas de una dialéctica de dominación y liberación, todas estas fuerzas restantes se puedan incorporar como componentes de los vectores de las cuatro fuerzas esenciales que hemos tomado como punto de partida para representar ideográficamente las relaciones de fuerza predominantes en diferentes formaciones socio económicas.

Por ahora, trabajaremos con cuatro vectores elementales de la fuerza de dominio colonial. Estos vectores están asociados a cuatro símbolos que nos han servido para ilustrar el dinamismo de este proceso histórico que parte de la implantación de una sociedad colonial y prosigue hasta la consumación definitiva de la independencia integral.

Los reinos de Castilla y León iniciaron el proceso de ocupación territorial en la isla de Quisqueya habitada por los tainos, quienes junto a los guanahatabeyes, conocidos como siboneyes, de la familia lingüística de los arahuac, se habían extendido por todo el Caribe Insular provenientes de las desembocaduras del Orinoco y de la costa firme de lo que hoy es Venezuela. Desde ese instante, tratemos de vislumbrar el proceso de capacitación transformadora que jamás ha cesado en el devenir de nuestro tiempo histórico: entender cómo se ataron los nudos de dominación colonial y la manera en que se han ido desatando, para entonces terminar de desatar los que quedan. Para ello debemos captar la totalidad del proceso.

Con el respaldo de una fuerza militar superior los españoles tomaron Quisqueya y la utilizaron como cabeza de playa estratégica en el Caribe Insular. Gracias a la artillería ecuestre de aquella época se instalaron con la bendición divina otorgada por sus autoridades religiosas y con el pretexto de propagar la fe. Con la Cruz y la Espada conquistaron riquezas para la Corona. Construyeron sus ciudades, sus iglesias y sus plazas, y fundaron una universidad cuarenta y dos años después de haber desembarcado en Guanahani.

Realidad material del momento primordial de la dominación

En menos de medio siglo se había consolidado la cultura de dominación en esa misma isla que bautizaron La Española, y que hoy comparten las naciones conocidas como República Dominicana y Haití. Ese territorio llegó a ser centro de operaciones coloniales de Francia y España. Se había reproducido buena parte del perfil cultural hispano y estaba lista la cabecera de playa que serviría de base para una sistemática invasión militar y para la expansión geográfica de esa cultura hispana en ultramar. Los cuatro principios constitutivos de la cosmovisión dominante habían sido trasladados a una isla lo suficientemente grande para instalarse con firmeza y lo suficientemente pequeña como para poder gobernarla.

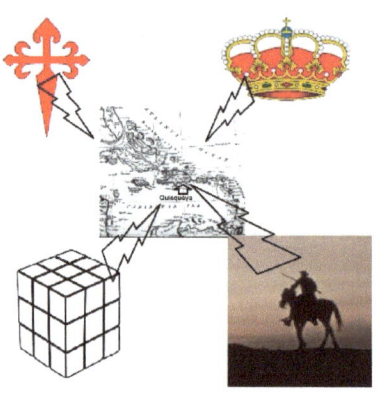

La Fuerza de Dominio Colonial comenzó entonces a proyectarse sobre el espacio de Nuestra América mediante los cuatro vectores descritos provenientes de la cosmovisión de la cultura metropolitana. Desde entonces pueden trazarse las flechas que representan cada vector de la fuerza de dominio colonial, cuya dirección, sentido y tamaño aluden a la dirección y al grado de intensidad de cada fuerza. Pero desde entonces, también, pueden empezarse a trazar, en el sentido opuesto, los vectores de cada una de las fuerzas de resistencia, para identificarlos como vectores de la fuerza liberadora.

En La Española comienza a enfrentarse la fuerza de la

opresión contra este pueblo de la familia lingüística de los arahuac. Se inició un tiempo histórico donde entraron en conflicto dos fuerzas históricas de naturaleza opuesta. Este conflicto, desde esta perspectiva, transcurre en un solo tiempo histórico que sólo terminará cuando todos los pueblos de Nuestra América hayan alcanzado su independencia integral. En ese momento histórico, los correspondientes vectores de la fuerza Liberadora que responden desde la periferia habrán neutralizado a la fuerza opresora y colonialista que todavía cuenta con los descendientes políticos, culturales y espirituales de los godos de aquel entonces, acaso aquellos a quienes popularmente se suele llamar hoy "escuálidos". Los colonizados mentales que, por caso ilustrativo, no terminan de percibir las nuevas realidades geopolíticas de un emergente espacio multipolar. Los mismos que arrugan la cara cuando les hablan del paso histórico.

El señor de a caballo, la figura ecuestre con su lanza, su espada y armadura metálica que le protege el cuerpo de las flechas enemigas, es el viajero de Indias que invade un continente desconocido en aquella pequeña porción del mundo conocida como reinos de Castilla y León. Una porción del mundo que abrirá a otros el paso hacia la modernidad con los tesoros de los aztecas que permitieron obtener los recursos para detener a los turcos en Lepanto. A partir de allí, Europa comienza a constituirse en el centro del mundo. Después vendrán las justificaciones morales y religiosas, y también las razones de Estado para autorizar los crímenes y saqueos perpetuados en nombre de la salvación de las almas.

El primer paso en la formulación teórico práctica del sujeto europeo se fundamenta en la identificación de la interacción de los cuatro principios que constituyen la representación de Europa. Cuatro fuerzas integradoras que generan una condición de irreductibilidad entre ellas que les permite articularse mediante poderosas relaciones de afinidad y antagonismo. Cada uno de estos principios aislados sólo definiría un mundo plano, una caricatura unidimensional que reduciría la rica complejidad de lo humano a uno de sus aspectos particulares.

Cuando representamos simbólicamente a los cuatro principios de la cosmovisión europea con imágenes como la cruz, la corona, la figura ecuestre con lanza y el cubo, y los encerramos en un paréntesis, es porque podemos operar con ellos como hacemos con los símbolos algebraicos, asignándoles también el valor de todas las palabras usadas para definir cada principio. Podríamos hacer el siguiente enunciado: El Indio se resiste a todo lo que está encerrado en el paréntesis. Así también los hijos de las indias, al igual que sus nietos. Así fue como Tupac Katari, esperaba convertirse en millones. Y desde la cosmovisión de la Indianidad lo logró efectivamente. Desde la racionalidad positivista no se entiende. Desde la inteligencia sensitiva tal vez pueda comenzarse a entender de qué trata el asunto.

Cuando Simón Rodríguez dijo: "debemos prestar más atención a un INDIO que a OVIDIO", partía sin duda de la impresión que aún reciben los viajeros que siguen la ruta por la actual Colombia hasta la orilla del Pacífico, siguiendo hacia la sierra peruana y el Altiplano, finalizando en el sur de Chile. Estaba motivado por emociones y representaciones semejantes a las expresadas por José Carlos Mariátegui en cuanto a la presencia de la Indianidad, y sobre las que tanto nos advirtiera el notable peruano. Motivado por la búsqueda del significado de las culturas preamericanas, por el grado de evolución tecnológica en la producción de alimentos, la manipulación genética de los cultivos y las técnicas de construcción de acueductos, caminos, puentes, ciudades, templos y pirámides. Material para reflexionar acerca de la razón por la cual la cultura dominante se empeñó en negar a estas culturas el lugar que le corresponde dentro de la llamada Historia Universal.

De lo anterior deducimos que lo primero fue negar la cultura de las civilizaciones halladas. En este sentido es que Leopoldo Zea calificó esta negación como el encubrimiento de América. La negación de su condición humana, la asignación de la calidad de salvajes, la necesidad de salvarlos, de civilizarlos mediante los ritos del bautizo y la comunión. La conquista de sus almas, se imponía sobre todo. La idea de que los estaban salvando de las llamas eternas del infierno, aunque a menudo para ello tuvieran que incinerarlos en la hoguera.

Desde aquella ideología los españoles operaban con una convicción altruista de que hacían lo correcto. Aunque estuvieran ante gigantes ellos veían molinos de viento.

Tenemos entonces que esa civilización desconocida, fue encubierta precisamente en su condición civilizatoria, y excluida de la totalidad universal, mientras no se sometiera a la ideología y a la cosmovisión que venía de lejanos reinos, parte de una cristiandad que con el correr de la conquista, se convertiría en lo que hoy llamamos Europa u Occidente. Colonialistamente no nos percatemos, no obstante, de que esa llamada cultura occidental en realidad nos llega desde donde sale el Sol, es decir, desde el Oriente. Hasta esa realidad encubre la colonización mental. Pero una nueva civilización se inicia con la resistencia a aceptar una cultura que excluye a millones, y si los acepta en la Casa Grande solo será como sirvientes o capataces.

Más adelante resumimos y complementamos la cosmovisión del europeo a través de los cuatro principios que la conforman en su interrelación. Por ahora limitémonos a representar los principios constitutivos de la cultura europea a través de estas cuatro figuras primordiales que los representan simbólicamente: la figura de la Corona como síntesis ideográfica del principio imperial, la figura ecuestre con la lanza como principio señorial, la figura geométrica como principio racional y la figura de la Cruz como representación del principio cristiano.

Encerrados esos cuatro símbolos en un paréntesis podemos enunciar la síntesis simbólica de la cultura europea. Y si le agregamos cuatro flechas y le asignamos el mismo valor que en la física, entonces estaríamos expresando simbólicamente, como en el álgebra, a los cuatro vectores de la fuerza de dominio colonial que, desplazada al otro lado del Atlántico, produce la expansión geográfica de la cultura europea en América.

Si agregamos un cuadro que represente los muros de la Casa Grande, o casa de la hacienda colonial, tendríamos entonces representado el modo de producción colonial. Acaso una forma rígida y simplificada de representarlo. Falta un elemento que represente la esclavitud, pero lo incorporaremos más adelante, cuando llegue el momento de exponerlo.

El enfoque simbólico propuesto visualiza y organiza la información y el discurso bajo la guía de cuatro vertientes de dominio: la de las armas, la de la religión, la de la política y la de la economía, que de igual manera identificamos con los símbolos de la Espada, la Cruz, la Corona y el Oro, que puede ser a su vez el cubo o la torre del ajedrez, con sus ambivalencias entre la búsqueda de la riqueza material, la sabiduría e incluso el sentido de la lógica racional aplicada a la construcción.

Pero no solamente podemos identificar con sus respectivos símbolos a los cuatro principios invocados por el filósofo venezolano Briceño Guerrero para caracterizar a lo que él llama Europa la Primera. El uso de estos símbolos nos permite ampliar la idea de cuatro instituciones con sus respectivos principios: el estado imperial, la Iglesia, la fuerza armada y las finanzas. El único símbolo que queda entonces por plasmar es la encubierta u oculta quinta esencia de estos cuatro elementos: el ser humano que habita y se conserva en unidad con la tierra, el Indio. La Corona requería más súbditos para cobrarle impuestos; la Cruz, necesitaba nuevos fieles que se arrodillaran y pagaran su limosna; la Espada, buscaba enemigos para doblegarlos y despojarlos de la riqueza; el Oro o el cubo era la luz del conocimiento racional buscando un lugar donde expandir la cultura dominante, para establecer la validez del saber. Por ello no tardan en alzarse las primeras universidades fundadas en la América hispana.

Finalmente, la tierra tiene al Indio para que la proteja, la conserve y la venere. Pero la visión colonial tenía una idea diferente: sólo contemplaba lo relativo a sus necesidades económicas que podían ser satisfechas a través del Indio, inicialmente dueño de la fuerza de trabajo requerida. La figura ecuestre con su lanza o su espada doblegaba su energía mediante el rito de la guerra; la cruz doblegaba su espíritu mediante el rito de la comunión; la corona distribuía las ganancias con nuevas cotas de nobleza y poder; y la universidad reservaba el saber de los principios económicos, de la historia y la filosofía, para asegurar el control y el dominio del imperio español.

A la figura ecuestre con la lanza y la espada le convenía que el indio no fuera persona y careciera de alma, para que no transcendiera el hecho de que muriera buscando perlas en el fondo del mar, o tapiado en las minas del otrora Tahuaintisuyu (continente solar, sustantivo en idioma queshua utilizado por los incas para definir la extensión de su dominio político, espiritual y económico). A la cruz en cambio le interesaba que el indio tuviera alma, para justificar la empresa de salvarla; al principio racional, representado por el cubo o el Sol, le correspondía perpetuar en el dominado la conciencia material e intelectual del dominio hispano; y a la Corona asegurar su condición de súbdito o vasallo para que se manifestara con el pago de los impuestos reales.

Esta síntesis simbólica o expresión ideográfica facilita la relación de los elementos esenciales que interesa destacar en la historia de una relación de dominio, y que obviamente trascienden al Indio y se manifiestan en el resto de la sociedad. La utilidad de este marco histórico persiste cuando se intenta observar la dinámica de un conflicto que después de cinco siglos continúa vigente. La utilización del marco histórico descrito sigue cobrando sentido ante la falta de comprensión por parte de algunos actores sociales del sentido histórico de los hechos actuales. Detrás de tal conducta histórica reposa una ideología colonialista, o coloniaje mental, que será constante en todo el proceso, y que ya se expresaba en el mismo lenguaje utilizado por Colón; la religión juega también un papel esencial para reducir el espíritu del aborigen y someterlo al sistema productivo, hecho justificado por la misión de otorgarle la posibilidad de salvar su alma del infierno, aunque hubiera que arrojar muchos cuerpos a las hogueras de la Inquisición; y de todo esto resulta un producto histórico, legado para el futuro, engendro de toda una particular situación histórica; el resultado final surge del choque entre dos culturas, entendimiento clave para relacionar los elementos que entrarán en juego, en similar y posterior situación. Finalmente, es posible alcanzar la clara convicción de que la historia no se refiere solamente a los hechos del pasado, ni que estos hechos se repiten de manera cíclica. Lo esencial es que quede teóricamente establecida la idea de que el proceso histórico no debe observarse con limitaciones temporales, porque siempre están sucediendo hechos de la misma naturaleza. Los actores de este conflicto son fichas sobre el mismo tablero, los intereses de cada sector definen las reglas del juego, para que a través del tiempo histórico, padres, hijos y nietos continúen representando la misma comedia, como si estuviera grabado en los genes el reparto del libreto.

Cuando Simón Rodríguez se refirió a que no había habido independencia sino un armisticio, decía de manera sintética que se había roto apenas un vector de las cuatro fuerzas de dominio colonial: la independencia política alcanzada por la fuerza de las lanzas de los llaneros. El Estado imperial hispano fue sustituido entonces por un Estado neocolonial dominado por la fuerza de las finanzas europeas y por la fuerza de la protección del comercio a través de la Armada británica. La cruz mantiene su dominio ideológico, fortalecido con sus modernos y postmodernos aliados, como la televisión y la prensa mercenaria.

Hemos visto como los cuatro principios que caracterizan lo que J. M. Briceño Guerrero llama Europa la Primera han de ser sustituidos por símbolos con el objeto de usarlos en forma semejante al enunciado matemático. Si colocamos a los cuatro símbolos en línea y los encerramos en un paréntesis podríamos asignarles un valor equivalente a la idea de Europa. Una idea que se puede pensar a través de esos cuatro símbolos, sobre todo si contamos con el respaldo filosófico del doctor Briceño. Digamos que es una conveniencia, o una sustitución de valores a la manera de los matemáticos, hasta que hayamos despejado la incógnita relativa a lo qué es Europa.

Podemos agregar a esos cuatro símbolos encerrados entre paréntesis, cuatro flechas orientadas hacia otros símbolos encerrados en otro paréntesis que represente la idea de América. Leemos entonces la fuerza de dominación como una fuerza física que se proyecta a través de cuatro vectores, que parten desde cada uno de los símbolos que caracterizan a Europa. Casi tenemos enunciada la fuerza de dominio colonial identificada con la expansión geográfica de la cultura española en Nuestra América.

Una vez que nos hemos familiarizado con la cosmovisión europea mediante la representación gráfica de los símbolos que sintetizan el sentido de cada uno de sus cuatro principios fundamentales que constituyen la cosmovisión de la cultura colonialista, y hemos comprendido como estos cuatro símbolos sintetizan los cuatro principios constituyentes de su cosmovisión, es que los ubicamos dentro de un paréntesis (p 14) para expresar una íntima relación entre ellos. Sustituimos entonces por el símbolo como hacemos con la equis en el álgebra, y de esta manera podemos concebir que cuando Europa ejerce su fuerza de dominio colonial está imponiendo su visión de mundo en el proceso de implantación de un modelo de sociedad en un nuevo territorio que simbolizamos con un espacio cuadrado que llamamos Casa Grande, la hacienda, el hato, el fundo. El territorio usurpado a los habitantes originales en un tiempo y un espacio concreto. La isla de Quisqueya a partir de 1492 con el establecimiento del primer fuerte que llamaron de la Navidad por haber llegado al lugar el día de San Nicolás. La destrucción de este fuerte tuvo lugar antes del regreso de Colón a la isla, y constituye el primer acto de resistencia a la implantación del coloniaje en América. Mediante este acto se inicia un conflicto histórico que aún no ha terminado.

Estamos ante una concepción estratégica de la historia concebida como un conflicto entre la dominación, la resistencia y la liberación. Esta concepción postula, desde una perspectiva periférica, un solo tiempo histórico, sin divisiones. Esta idea surge de la necesidad de comprender y explicar la realidad desde una perspectiva diferente, y por eso se expresa mediante la utilización de símbolos. La relación entre ellos puede ser la expresión simplificada de situaciones más complejas, pero muchas veces es menos limitada que las palabras, porque con el símbolo se pueden concebir o representar al mismo tiempo sentidos opuestos, así como una ambivalencia que surge de la ecuación de la realidad histórica.

Representamos ideográficamente, como opuestos

históricos en lucha, al conquistador-dominador frente a la resistencia – liberación, tal como se niegan y combaten las clases sociales en pugna. Los representamos ideográficamente para no reducir a la terminología formal lo que proponemos como un método para visualizar situaciones históricas. El símbolo tiene la ventaja de que permite ser afirmado y negado al mismo tiempo. Posee ambivalencia nata, es dialéctico.

La ventaja de construir un mapa referencial que nos permita visualizar la forma como se relacionan los vectores de la fuerza opresora del dominio colonial cuando la resistencia genera vectores de reacción liberadora, es que nos permite orientarnos con respecto a la naturaleza de la realidad histórica en el momento en el que debemos trasladarnos a la lectura. Es bueno contar con un mapa para corregirlo durante el viaje hacia los planos de la teoría, o la filosofía. O simplemente, como ya hemos dicho, para que cuando estemos frente a una historia, no nos puedan venir con cuentos, impunemente.

Estos cuatro vectores de la fuerza de dominación colonial se proyectan, como hemos señalado, desde cuatro símbolos básicos que amplían la limitación a que nos somete el concepto, pero enriquecen o alteran su significado al ser combinados entre ellos. A medida que avancemos en la Teoría iremos expandiendo la explicación. Por ahora, nos interesa entender que el dominio colonial es una fuerza ejercida a través de instituciones históricas, y que además, mediante la combinación de los símbolos, se puede ampliar el sentido de lo que hemos representado, porque ellos nos muestran las respectivas señas de la fuerza de dominio que ejercen, y la manera como mutan a través del tiempo histórico.

Partimos de nuestra realidad material periférica. Desde el lado opuesto al centro de donde ha salido el pensamiento moderno y posmoderno dueño de una realidad ajustada a sus conveniencias. El pensamiento filosófico transmoderno es el que piensa nuestra realidad desde la periferia. La dialéctica de los explotadores y los explotados se enfrenta desde la periferia a una realidad que desde Europa no cuenta, pero aquí en la periferia tanto explotadores como explotados están mediados por dependencias foráneas. La realidad ha sido afectada por el choque de esas dos representaciones, por la contradicción de sus respectivos intereses.

Los planteamientos generales de la concepción materialista de nuestra historia han de tener como punto de partida nuestra realidad primordial. Antes de referir la correspondiente representación de los actores o factores históricos de este drama, los representaremos con las figuras del ajedrez. El Caballo, El Alfil, La Dama, y la Torre. Aislados desprenden un significado, juntos pueden representar una cosmovisión. Pero en fila representan: la contienda histórica entre Dominación , Resistencia y Liberación.

Los intereses de los actores son económicos porque intentamos representar formaciones socioeconómicas y las fuerzas materiales que representan contradicciones materiales e históricas.

Nos detenemos en este punto con una idea a ser desarrollada en el contexto del taller. En la Revolución Bolivariana se mueven las fichas del presente, pero la apertura de la dominación fue en 1492. Para poner en jaque mate a la Corona y neutralizar a sus escuálidos peones, es necesario conocer la Histórica, la Arquitectónica y la Ética, como un todo, para entender entonces la Política.

Eloy Reverón

ELOY REVERÓN
1953

Historiador (U.C.V.) egresado de la Maestría en Relaciones Exteriores del Instituto de Altos Estudios Diplomáticos "Pedro Gual" IAEDPG y de la maestría en Seguridad y Defensa Integral del Instituto del Altos Estudios de la Defensa Nacional IAEDEN. Ensayista, autor de varios libros y de artículos en publicaciones nacionales e internacionales.

Durante el desarrollo de sus dos tesis magistrales elaboró un modelo teórico para la historia aplicada a las Relaciones Exteriores y para los Estudios Estratégicos puesto en práctica en el ejercicio docente y dado a conocer en varios idiomas con el título de Teoría de la Historia de la Resistencia India (Hacia una Teoría de la Historia de la Revolución Bolivariana).

El presente texto es un resumen con fines didácticos y como lectura de apoyo para la discusión de nuestros talleres de formación histórico política.

Eloy Reverón

La Teoría de la Historia de la Revolución Bolivariana intenta explicar la praxis revolucionaria venezolana, encarnada en el liderazgo del Presidente Hugo Chávez, desde la historicidad de su discurso cuando nos habla de Independencia Integral.

Chávez parte del pensamiento de Samuel Robinson en el momento en que el filósofo nos advierte que no hubo independencia sino solamente un armisticio.

Para que la Independencia sea Integral habrá que realizar el ideal libertario que Simón Bolívar aprendió de sus maestros Simón Rodríguez, en Francia, Francisco de Miranda, en Londres, y Alejandro Petion, en Haití.

La praxis revolucionaria de Simón Bolívar generó la serie documental que reprodujo el discurso político de un hombre que confrontó la teoría revolucionaria de su momento histórico con la realidad histórica del estallido social venezolano. Es lo que intentó explicar en el Manifiesto de Cartagena, pudo entender después de su estadía en Jamaica y Haití, expuso en el Discurso de Angostura, y explicó a lo largo de su extenso epistolario.

Eloy Reverón

www.ingramcontent.com/pod-product-compliance
Lightning Source LLC
Chambersburg PA
CBHW050759290526
45792CB00008B/2253